Kk

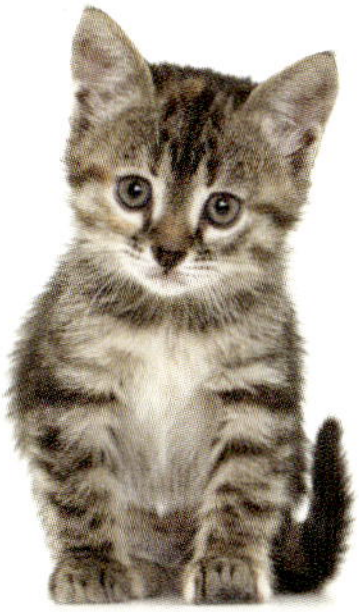

Ransom

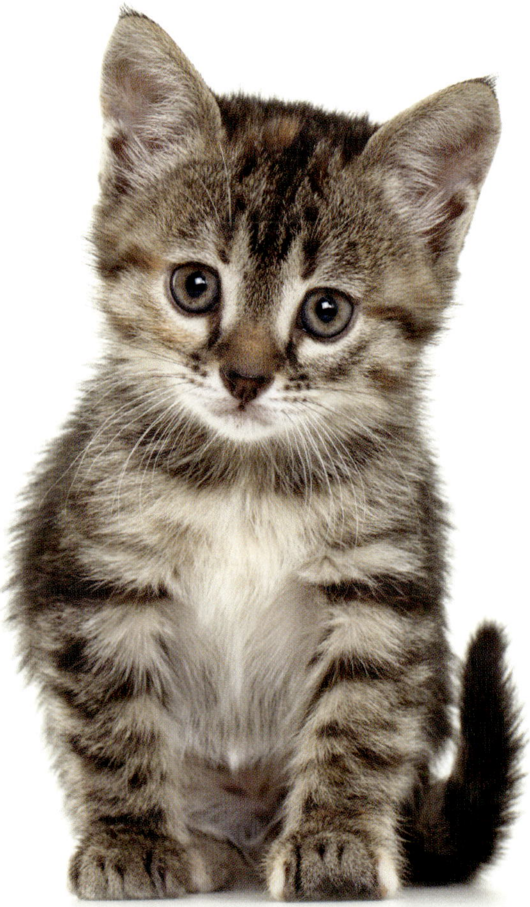

kitten

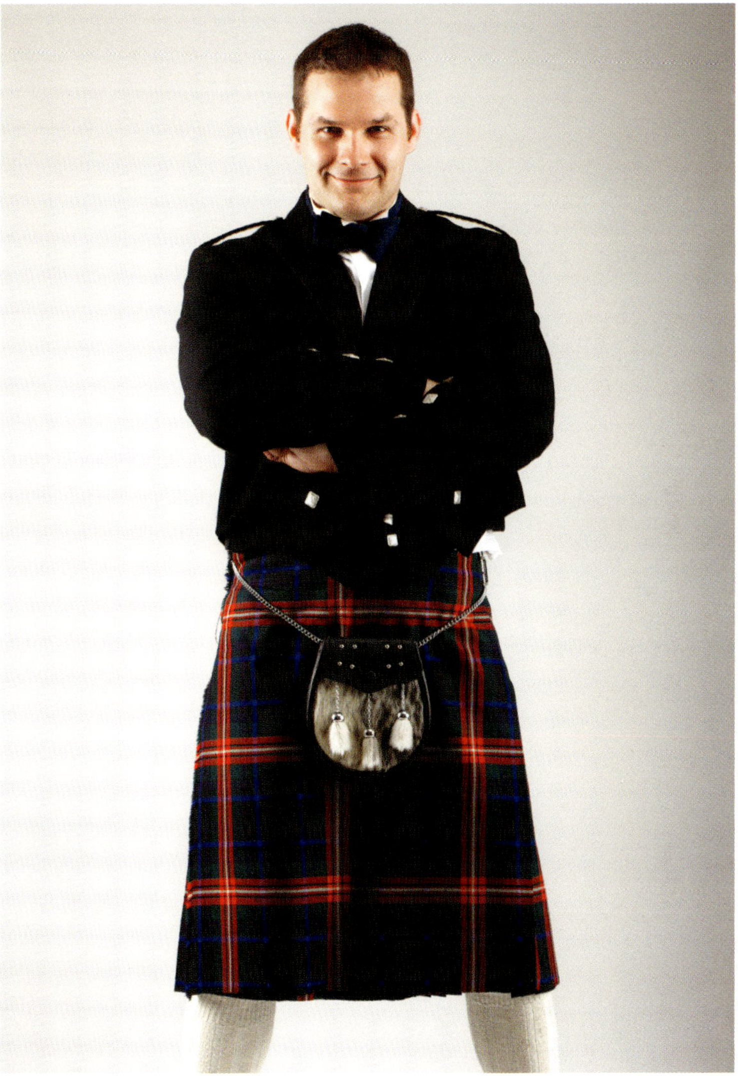

kilt

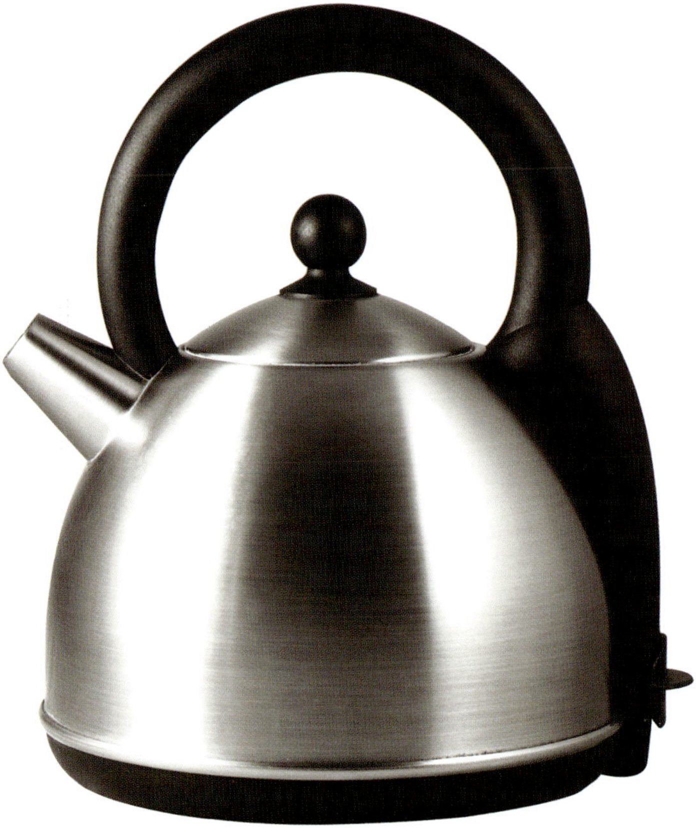

kettle

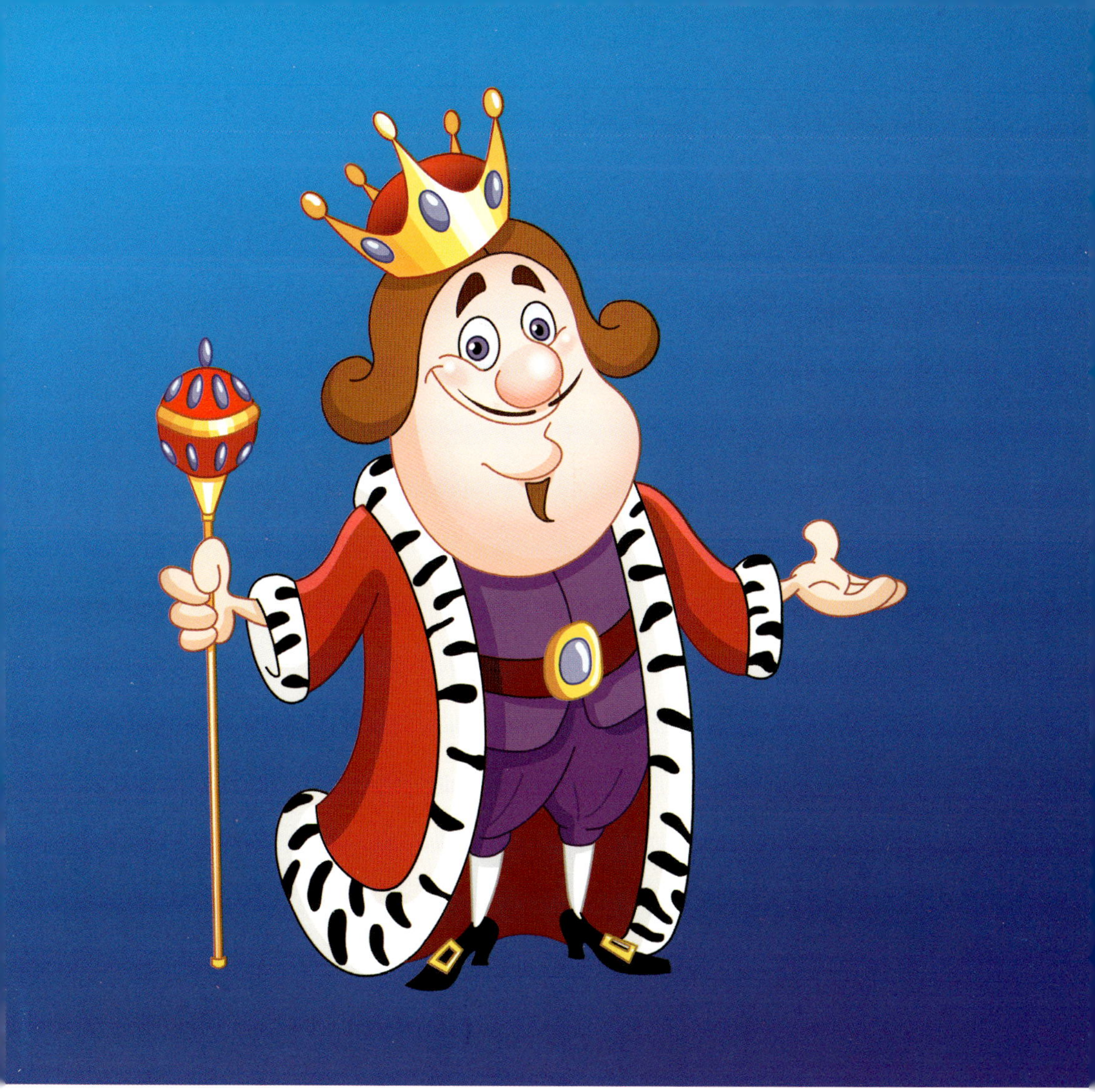

king

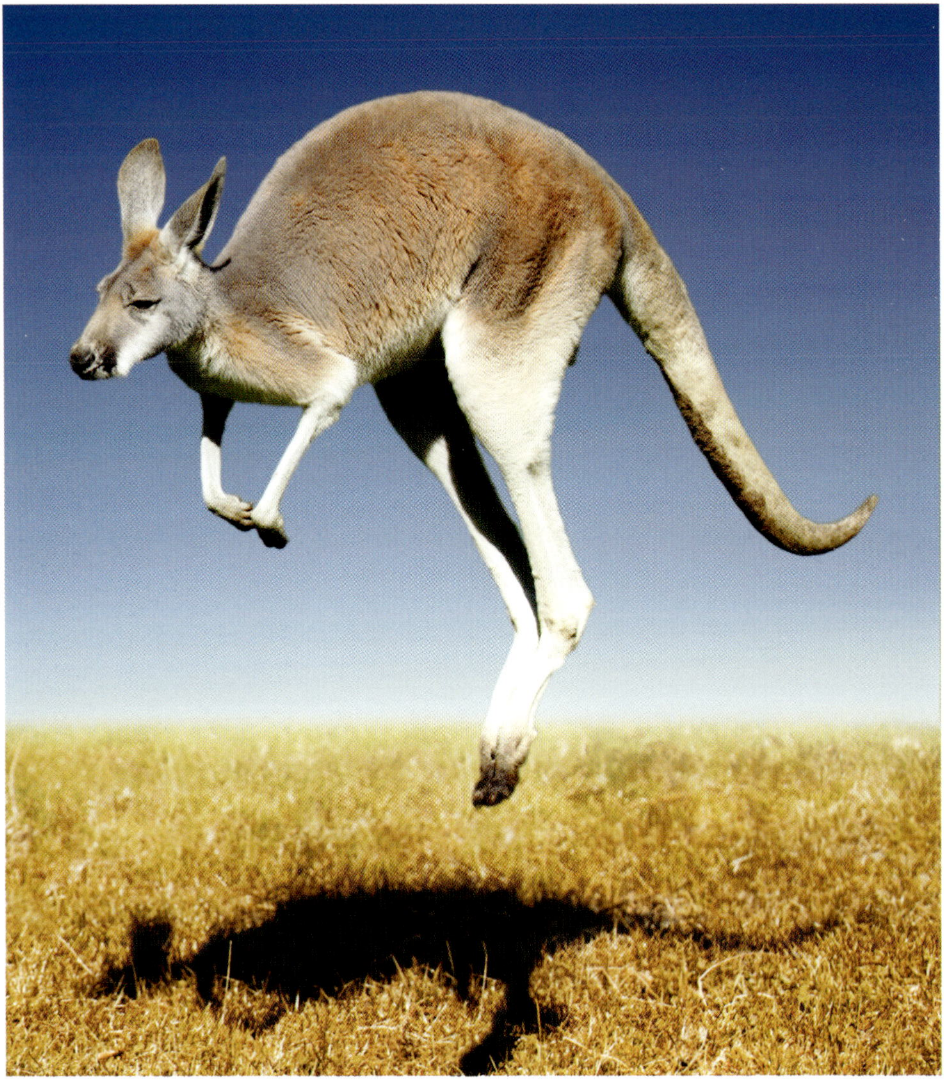

kangaroo

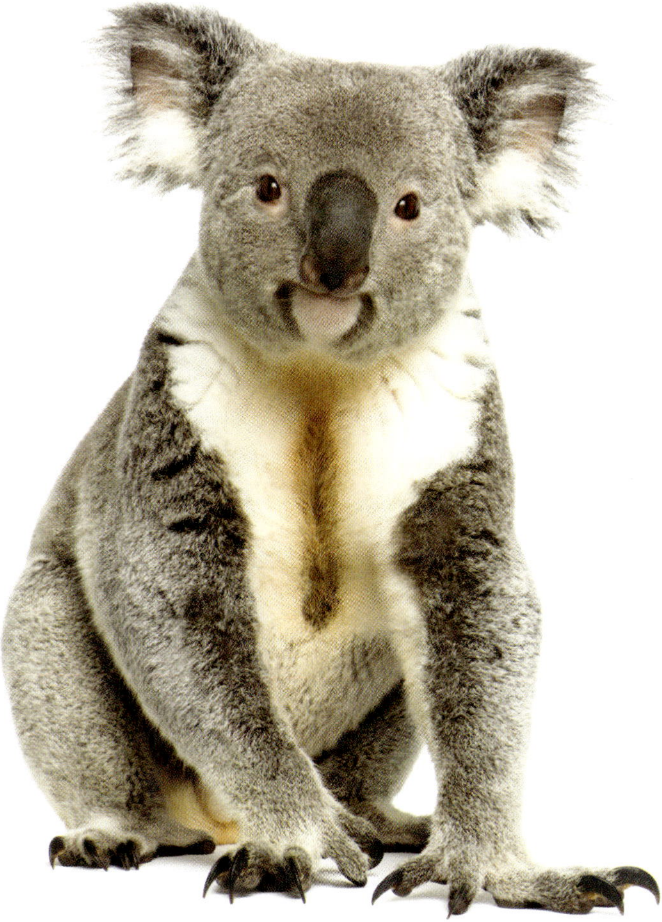

koala

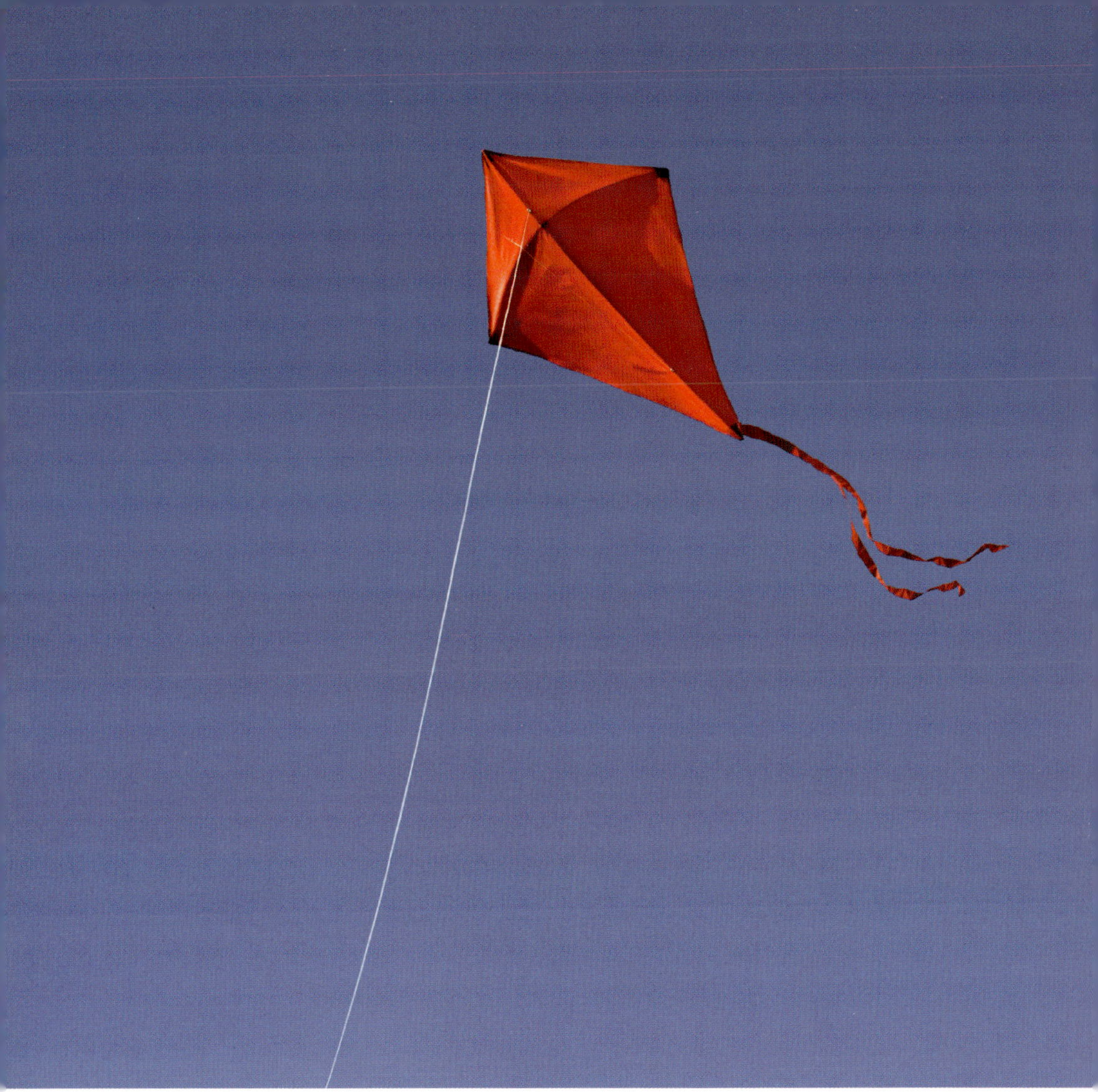

kite

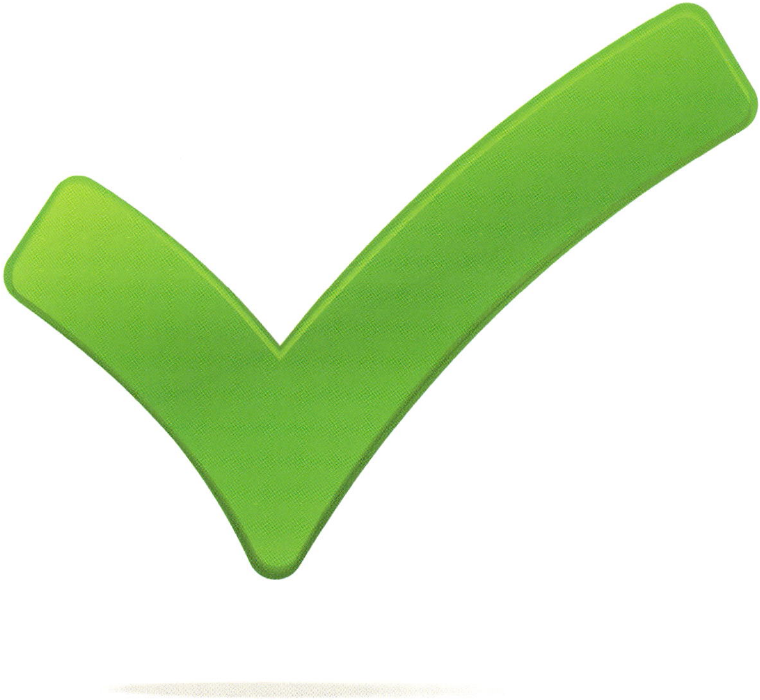

tick

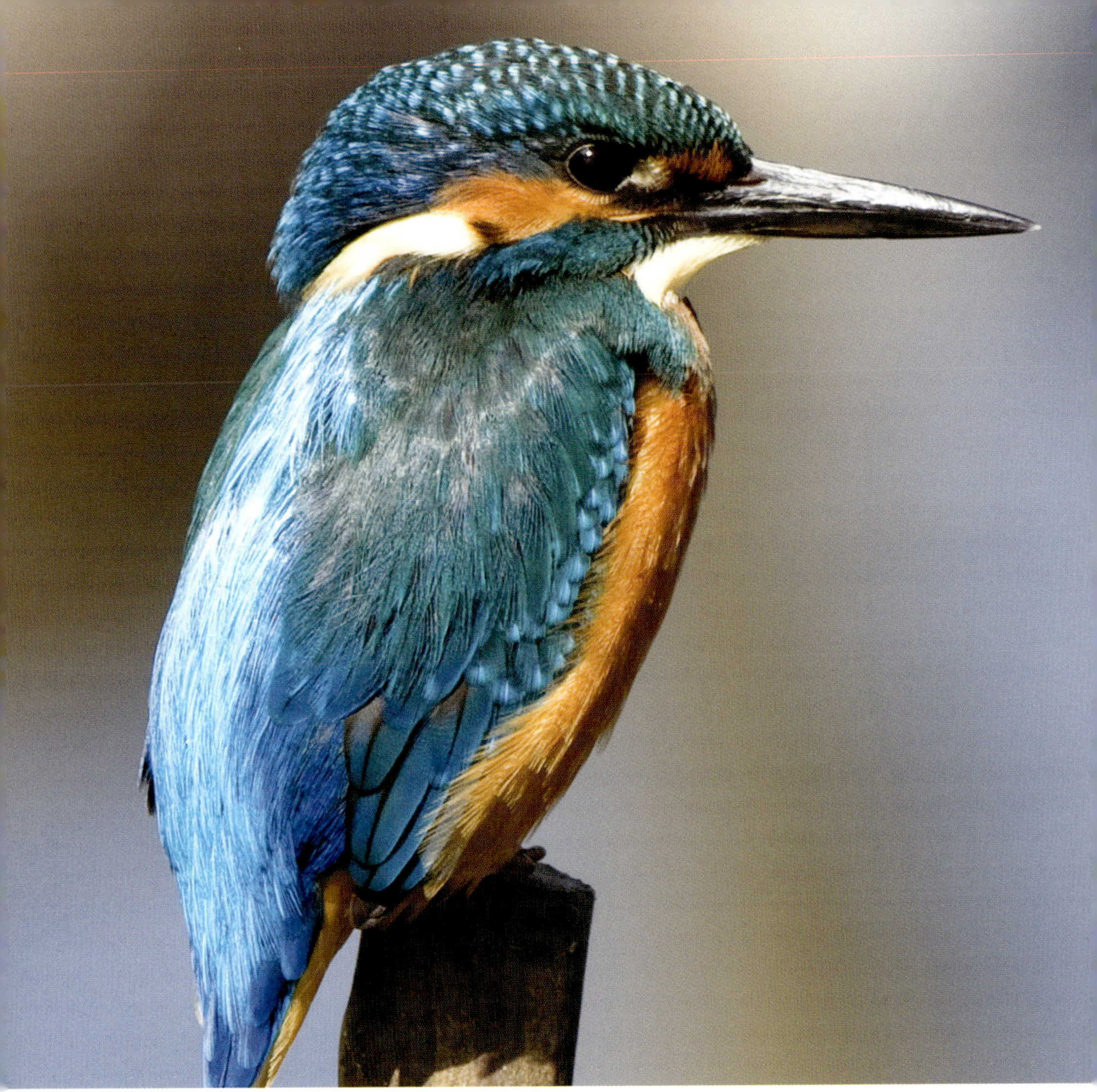

k k k k

k k k k

Kk

kitten

kilt

kettle

king

kangaroo

koala

kite

tick